AF154662

BEI GRIN MACHT SICH IHR WISSEN BEZAHLT

- Wir veröffentlichen Ihre Hausarbeit, Bachelor- und Masterarbeit

- Ihr eigenes eBook und Buch - weltweit in allen wichtigen Shops

- Verdienen Sie an jedem Verkauf

Jetzt bei www.GRIN.com hochladen und kostenlos publizieren

C. Ralfs

Inhalt, Instrumente und Ziele der Landesplanung am Beispiel von Schleswig-Holstein

GRIN Verlag

Bibliografische Information der Deutschen Nationalbibliothek:

Die Deutsche Bibliothek verzeichnet diese Publikation in der Deutschen National-
bibliografie; detaillierte bibliografische Daten sind im Internet über http://dnb.d-
nb.de/ abrufbar.

Impressum:

Copyright © 2013 GRIN Verlag GmbH
Druck und Bindung: Books on Demand GmbH, Norderstedt Germany
ISBN: 978-3-656-74458-0

Dieses Buch bei GRIN:

http://www.grin.com/de/e-book/280417/inhalt-instrumente-und-ziele-der-landes-
planung-am-beispiel-von-schleswig-holstein

GRIN - Your knowledge has value

Der GRIN Verlag publiziert seit 1998 wissenschaftliche Arbeiten von Studenten, Hochschullehrern und anderen Akademikern als eBook und gedrucktes Buch. Die Verlagswebsite www.grin.com ist die ideale Plattform zur Veröffentlichung von Hausarbeiten, Abschlussarbeiten, wissenschaftlichen Aufsätzen, Dissertationen und Fachbüchern.

Besuchen Sie uns im Internet:

http://www.grin.com/

http://www.facebook.com/grincom

http://www.twitter.com/grin_com

Einführung in die Raumordnung und Raumplanung

Instrumentarium, Inhalt und Ziele der Landesplanung mit dem Beispiel Schleswig- Holstein

Inhaltsverzeichnis

1. Einleitung 3

2. Instrumentarium der Landesplanung 4

3. Inhalt der Landesplanung 5

4. Ziele der Landesplanung 8

5. Beispiel: Landesplanung Schleswig- Holstein 9

    5.1 Übergeordnete Raumstruktur des Landes 10

    5.2 Siedlungsstruktur und Siedlungsentwicklung 11

    5.3 Wirtschaftliche Entwicklung und wirtschaftsnahe Infrastruktur 12

    5.4 Entwicklung der Daseinsvorsorge 13

    5.5 Ressourcenschutz und Ressourcenentwicklung 14

6. Fazit 15

Quellenverzeichnis 16

Abbildungsverzeichnis 18

1. Einleitung

Die Raumordnung ist die Grundlage für die Landesplanung und verwirklicht Ziele und Grundsätze der Raumordnung auf Landesebene (vgl. Spitzer 1995 S. 37). Eine institutionalisierte Landesplanung ist in jedem Bundesland vorhanden und einem Ministerium zugeordnet, wovon Stadtstaaten ausgenommen sind. Das zugehörige Ministerium kann sich von Bundesland zu Bundesland unterscheiden (vgl. Langhagen-Rohrbach 2010, S. 43).

Unter Landesplanung versteht man die „(…)raumbezogene, fachübergreifende, überörtliche Koordinierungkompetenz eines bestimmten Verwaltungsbereichs auf Landesebene zur Ordnung und Entwicklung des gesamten Staatsgebietes oder seiner Teilräume" (vgl. Ritter et al. 2005, S. 561). Die Raumentwicklung soll nachhaltig erfolgen, wobei ökologische, ökonomische und soziale Aspekte in Einklang gebracht werden sollen (vgl. Koch & Hendler 2009, S. 38; §2 II ROG).

Die Koordinierung unterschiedlicher Anforderungen an den Raum ist eine Querschnittsaufgabe: Die Landesplanung muss in der Planung alle Fachbereiche, die raumrelevant sind, zusammen erfassen, koordinieren und abwägen (vgl. Ritter & Benz 1998, S. 207f.). Die Landesplanung muss sich durch ihre übergeordnete Funktion mit verschiedenen Themenbereichen der Planung auseinandersetzen. Dazu wird Wissen der Fachplanungen benötigt, welche sich mit einzelnen Themen auseinandersetzen. Diese raumrelevanten Fachbereiche müssen in die Landesplanung mit einbezogen werden (vgl. Muckel 2010, S. 6).

Inhalt und Ziele drücken sich letztendlich im Landesentwicklungsplan aus (vgl. Schmitz & Baumheier 1999, S. 187). Der Landesentwicklungsplan ist das wichtigste Instrument für die Landesplanung. Bei einigen Inhalten und Zielen kann dies über Landesgrenzen hinausgehen. Die öffentliche Verwaltung des Landes, Regionen und Kommunen (Regionalplanung und Planung der Kommunen), sowie die Finanz- und Fachplanungen, müssen die Vorgaben der Landesplanung beachten (Beachtenspflicht), solange die Ziele der Landesplanung vom Aufgabenbereich im Raumordnungsgesetz nicht abweichen (vgl. Ritter et al. 2005, S. 281f.; Innenministerium des Landes Schleswig- Holstein 2010, S. 8).

2. Instrumentarium der Landesplanung

Zur Verwirklichung der Grundsätze und Ziele der Raumordnung sind Instrumente notwendig. Dafür stehen harte (formelle) und weiche (informelle) Instrumente zur Verfügung. Harte Instrumente sind die klassischen Instrumente der Raumordnung, Landesplanung und Regionalplanung (vgl. Ritter et al. 2005, S. 483 f.). Dazu gehören unter anderem das Raumordnungskataster und das Raumordnungsverfahren.

Raumordnungskataster dienen zur Übersicht und detaillierten Darstellung von raumbedeutsamen Planungen, die bereits vorhanden oder geplant sind. Die Karten sind üblicherweise in einem Maßstab von 1:25.000 (vgl. Ritter et al. 2005, S. 488).

Das Raumordnungsverfahren (§15 ROG) ist ein wichtiges Abstimmungsinstrument auf Landesebene. Es soll vor der finalen Entscheidung vorab geklärt werden, ob ein Einzelvorhaben mit den Vorgaben der Raumordnung übereinstimmt und in die Gesamtplanung passt. Damit sollen Raumnutzungskonflikte vermieden werden (vgl. Ritter et al. 2005, S. 884ff.).

Nach dem Raumordnungsgesetz sind die Länder zur Aufstellung und Fortschreibung eines Landesentwicklungsplans verpflichtet(vgl. §8 I ROG; Borchard 2011, S. 574). Die Aufstellung dient der Verwirklichung von Zielen und Grundsätzen der Raumordnung im Land (vgl. Schmitz & Baumheier 1999, S. 187). Diese Pläne heißen Landesentwicklungspläne oder Landesentwicklungsprogramme. Jedes Bundesland entscheidet selbst, wie es heißen soll. Die Pläne werden mittel- bis langfristig angesetzt (15-20 Jahre). Es ist sinnvoll, die Pläne auf mindestens 15 Jahre anzusetzen (Planungszeitraum), denn wegen ihres Umfangs und ihrer Komplexität kann die Umsetzung von Zielen nicht in kurzer Zeit erfolgen. Nach dieser Zeit müssen Leitvorstellungen und Leitbilder dahingehend überprüft werden, ob diese für die aktuellen Gegebenheiten noch sinnvoll sind. Andernfalls müssen sie überarbeitet werden. Damit soll dem Nachhaltigkeitsgebot im Raumordnungsgesetz nachgekommen werden (vgl. Borchard 2011, S. 574). Der Landesentwicklungsplan bildet die Grundlage für die Regionalplanung (vgl. Innenministerium des Landes Schleswig- Holstein 2010, S. 8).

Für weiche Instrumente gibt es rechtlich keine Vorgaben. Besonders im Einsatz für regionale Entwicklung und einzelne Vorhaben werden diese benutzt, um eine schnellere Einigung bei der Planung zu erzielen (vgl. Glaser, Gebhardt & Schenk 2007, S. 236f.; Ritter et al. 2005, S. 466ff.).

3. Inhalt der Landesplanung

Nach dem Raumordnungsgesetz gibt es Inhalte, die mindestens in den Landesentwicklungsplan (LEP) mit eingebracht werden müssen. Darunter fallen im Rahmen der Festlegung zur Raumstruktur die Siedlungsstruktur, die Freiraumstruktur und Festlegungen im Rahmen der Infrastruktur (vgl. §8 V ROG). Zu diesen Strukturen macht das Raumordnungsgesetz Vorschläge, welche Inhalte diese enthalten können. Die Vorschläge sind auf die Konzeptionen hinzuführen, welche in den Grundsätzen der Raumordnung enthalten sind (vgl. §2 III 5 ROG).

Konzeptionen sind wichtig, um die Planungen mit räumlicher Entwicklung, relevanten Fachressorts und auch mit den vorgegebenen Konzepten der Landesplanung abzustimmen (vgl. Ritter et al. 2005 S. 563). Diese raumordnerischen Konzepte gehören zu den Instrumenten der Landes- und Regionalplanung (vgl. Ritter et al. 2005, S. 1311).

Durch die konkurrierende Gesetzgebung, seit der Föderalismusreform 2006, hat jedes Land die Freiheit, von den Vorgaben des Raumordnungsgesetzes abzuweichen und eigene Schwerpunkte zu setzen. Dies ist nötig, da jedes Bundesland andere räumlich strukturelle Gegebenheiten aufweist und somit unterschiedliche Potenziale vorhanden sind. Dies alles wird in die Landesplanungsgesetze des jeweiligen Landes aufgenommen (vgl. Langhagen-Rohrbach 2010, S. 32; §1-21 PlanG SH).

Im Folgenden wird auf einige wichtige Konzeptionen eingegangen.

Zur Siedlungsstruktur gehören die Raumkategorien. Sie sollen ähnliche Räume in Kategorien zusammenfassen, die sich in der Struktur, Zielsetzung und in den Handlungsansätzen ähneln. Verdichtungsräume haben die Tendenz ins Umland zu wachsen. Sie sind nicht von administrativen Grenzen betroffen. Ordnungsräume sind Verdichtungsräume und deren Randgebiete, die sich in der Entwicklung hin zu einem Verdichtungsraum befinden. Ländliche Räume befinden sich außerhalb des Verdichtungs- und Ordnungsraums. Diese Räume sind in wirtschafts- und lebensräumlicher Hinsicht eigenständig (vgl. Langhagen-Rohrbach 2010, S. 46). Strukturschwache Räume müssen stark gefördert werden, da diese

Gebiete Lebensbedingungen aufweisen, die unterhalb des Bundesdurchschnitts liegen (vgl. Langhagen-Rohrbach 2010, S. 46).

Das Zentralörtliche System ist im Rahmen des Zentrale – Orte - Konzepts ein wichtiges Konzept für die Siedlungsstruktur, mit welchem die Versorgung der Bevölkerung sichergestellt wird (vgl. Ritter et al. 2005, S. 523; Langhagen-Rohrbach 2010, S. 47). Durch das zentralörtliche System soll eine zumutbare Entfernung der Menschen zu Einrichtungen des täglichen Bedarfs (Daseinsvorsorge) gewährleistet werden.

Jedem Zentrum wird ein anderer Umfang von Funktionen zugeordnet. Beispielsweise haben Oberzentren alles, was Mittel- und Unterzentren gemeinsam haben. Oberzentren haben durch ihr breites Angebot in den Bereichen Versorgung, Wirtschaft und Arbeitsmarkt eine enorme überregionale Bedeutung. Nicht nur der grundlegende Bedarf wird hier gedeckt, sondern auch der spezielle Bedarf, wie zum Beispiel Hochschulen, hochspezialisierte Dienstleistungsunternehmen und Spezialkliniken (vgl. Langhagen-Rohrbach 2010, S. 48). Somit ist insgesamt in der Planung zu berücksichtigen, dass für jeden Menschen im Bundesland höher gelegene Zentren in zumutbarem Maße zu erreichen ist, um Angebote wahrnehmen zu können.

Die Landesentwicklungsachsen (Abb. 1) sind eine Ergänzung zum zentralörtlichen System. Sie orientieren sich an den Bundesautobahnen. Die Landesentwicklungsachsen sollen zu verbesserten räumlichen Standortbedingungen beitragen. Hauptverbindungsachsen verbinden hierbei die Landesentwicklungsachsen. Bei diesen wird primär die Erreichbarkeit von gewerblichen Schwerpunkten beachtet (vgl. Innenministerium des Landes Schleswig- Holstein 2010, S. 32f.).

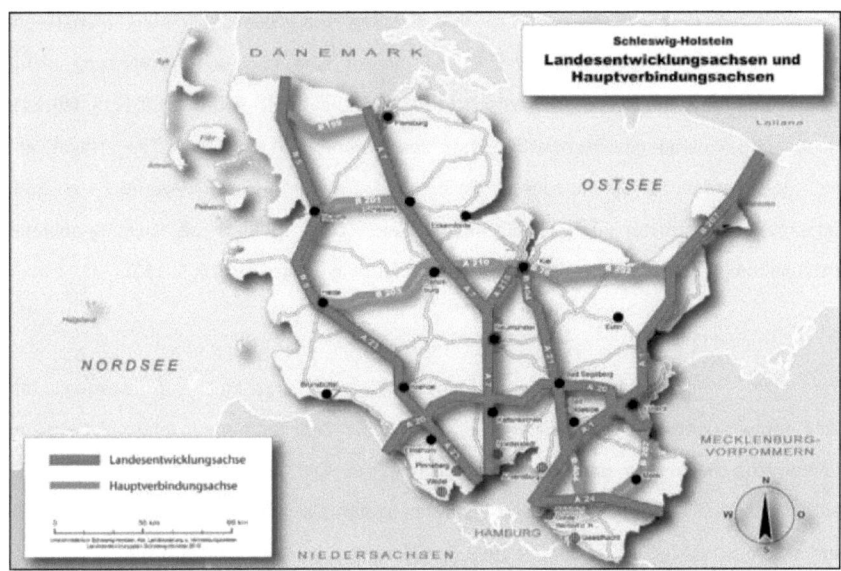

Abb. 1: Die Landesentwicklungsachsen und Hauptverbindungsachsen von Schleswig- Holstein
Quelle: (vgl. Innenministerium des Landes Schleswig- Holstein 2010, S. 33)

Bei der Planung kann es jedoch dazu kommen, dass Gebiete außerhalb des eigenen Bundeslandes mit einbezogen werden, da dies für notwendig erachtet werden kann (Beispiel: Autobahn). In diesem Fall müssen gemeinsame Maßnahmen ergriffen werden, wie zum Beispiel eine gemeinsame Regionalplanung (vgl. §8 III ROG).

Die Freiraumstruktur betrifft unter anderem die Sicherung des Rohstoffabbaus. Auch dazu gehört zum Beispiel Naturschutz und Landwirtschaft (vgl. Riedel & Lange 2009, S. 63f.; Langhagen-Rohrbach 2010, S. 49).

Der Sicherung der Trassen und Standorte für die Infrastruktur dient beispielsweise die Verkehrsinfrastruktur (vgl. Langhagen-Rohrbach 2010, S. 49).

Es gibt weitere Inhalte, die mit einbezogen werden können, wie zum Beispiel die Gebietstypen (vgl. §8 VII ROG). Vorranggebiete sind Gebiete, in denen nur eine bestimmte Nutzung erfolgen soll. Eine andere Funktion oder Nutzung soll dadurch ausgeschlossen werden, soweit es keine Ausnahmen gibt (vgl. §8 VII Z. 1 ROG). Die eine ausgewählte Funktion hat somit oberste Priorität.

Vorbehaltsgebiete sind Gebiete, die für ihre Nutzung eine große Gewichtung in späteren Abwägungsprozessen innehat. Somit ist bei diesen eine anderweitige Nutzung nicht ausgeschlossen, dennoch stark zu berücksichtigen (vgl. Langhagen-Rohrbach 2010, S. 49). Bei Planungen soll darauf geachtet werden, dass diese Räume nicht grundlegend zum Negativen verändert werden. Für die Nutzung von Windkraftanlagen und Einrichtungen der Ver- und Entsorgungsinfrastruktur gibt es die Möglichkeit diese Gebiete als Eignungsgebiete festzuhalten (vgl. Innenministerium des Landes Schleswig- Holstein 2010, S. 113).

4. Ziele der Landesplanung

Die Ziele der Raumordnung sind verbindliche Vorgaben und werden im Landesentwicklungsplan festgehalten (vgl. §3 II ROG). Ziele sind somit landesplanerische Letztendentscheidungen und damit abwägungsfest. Die Ziele sind das Resultat von Grundsätzen, bei denen Abwägungsprozesse durchgeführt wurden. Dadurch sind sie konkret und nicht abstrakt (vgl. Ritter & Benz 1998, S. 206; Koch & Hendler 2009, S. 47).

Die Ziele sind räumliche und sachliche Vorgaben. Mit diesen wird versucht, die Koordinierungsfunktion der räumlichen Planung zu erfüllen (vgl. Langhagen-Rohrbach 2010, S. 45). In der Landesplanung sind die Gegenstände von Abwägungsprozessen die Grundsätze der Raumordnung, die im Raumordnungsgesetz verankert sind (vgl. §7 ROG). Auch müssen bei der Abwägung relevante öffentliche und private Belange berücksichtigt werden (vgl. Ritter et al. 2005 S. 17f.). Mit Abwägungsprozessen wird versucht, unterschiedliche Belange in der Zielfindung zu berücksichtigen und gegenseitig für die Landesplanung abzuwägen (vgl. Fürst & Scholles 2008, S. 309). Diese Ziele sind Vorgaben für die Regionalplanung. Die Ziele sind konkret, jedoch noch so allgemein formuliert, dass für die Regionalplanung und bei der kommunalen Planung ein Spielraum bleibt, um eigene Ziele verwirklichen zu können. Ziele und Grundsätze werden als solche im Landesentwicklungsplan gekennzeichnet (vgl. Innenministerium des Landes Schleswig-Holstein 2010, S. 9).

Leitbilder werden auf der Ministerkonferenz für Raumordnung (MKRO) entwickelt. Dazu arbeiten die Bundesländer mit dem Bund zusammen (vgl. § 26 II ROG). Leitbilder haben eine Steuerungsfunktion inne: Sie sollen der Orientierung zu den Zielvorgaben der Raumordnung und generell zur Entwicklung des Raumes dienen (vgl. Weiland & Wohlleber-Feller 2007, S. 34; Ritter et al. 2005 S. 608ff.). Die Leitbilder der MKRO wurden im Jahre 2006

8

verabschiedet. Zu den Leitbildern gehören unter anderem (...) „Wachstum und Innovation", „Daseinsvorsorge sichern" [und] „Ressourcen bewahren, Kulturlandschaften gestalten" (vgl. Geschäftsstelle der Ministerkonferenz für Raumordnung 2006, S. 4).

5. Beispiel: Landesplanung Schleswig- Holstein

In Schleswig- Holstein gibt es seit 2010 den Landesentwicklungsplan (LEP), der den Landesraumordnungsplan von 1998 ersetzt. Er wurde von der obersten Landesplanungsbehörde, dem Innenministerium, aufgestellt (vgl. § 8 PlanG SH). In Schleswig- Holstein beträgt der angesetzte Planungszeitraum mindestens 15 Jahre und ist bis 2025 angesetzt. In Schleswig- Holstein sollen die Pläne schon nach der Hälfte des angesetzten Planungszeitraumes überprüft werden (vgl. § 3 II PlanG SH). Im LEP von Schleswig- Holstein sind hinter Zielen und Grundsätzen auch Begründungen zugehörig aufgezeigt. Diese beschreiben größtenteils IST- Zustände. Beim LEP von Schleswig Holstein ist noch der Umweltbericht angefügt (vgl. Innenministerium des Landes Schleswig- Holstein 2010, S. 8f.).

Zu den bereits am Anfang genannten Leitbildern ergänzt Schleswig- Holstein zwei weitere Leitbilder: Die „Übergeordnete Raumstruktur des Landes" und die „Siedlungsstruktur und Siedlungsentwicklung" (vgl. Innenministerium des Landes Schleswig- Holstein 2010, S. 9). Diese fünf Leitbilder werden im Landesentwicklungsplan von Schleswig- Holstein zentral und inhaltlich aufgegriffen und in Textform erläutert, festgelegt und im Rahmen einer räumlichen Darstellung konkretisiert. Beim LEP von Schleswig- Holstein werden, die Konzepte als Instrumente eingesetzt. Die drei Strukturarten werden in diesem LEP aufgegriffen, jedoch werden sie nicht in chronologischer und geordneter Reihenfolge abgehandelt. Außerdem hat Schleswig- Holstein die Gebietstypen mit in den LEP aufgenommen.

Der Landesentwicklungsplan von Schleswig- Holstein ist folgend gegliedert: Rahmenbedingungen (Teil A), Ziele und Grundsätze (Teil B), Umweltbericht (Teil C), Hauptkarte (Teil D).

In jedem Kapitel geht es um ein Leitbild, in welchem jeweils auf die Strukturen eingegangen wird. Im Folgenden wird auf die Fünf Leitbilder eingegangen.

5.1 Übergeordnete Raumstruktur des Landes

Im Rahmen dieses Leitbildes ist dargestellt, dass für alle Menschen in den Teilräumen gleichwertige Lebensverhältnisse vorherrschen sollen (vgl. Bundesinstitut für Bau-, Stadt- und Raumforschung 2012, S. 16). Auch soll das Land wirtschaftlich für die Behauptung gegenüber dem internationalen Wettbewerb entwickelt werden. Das soll im Rahmen einer nachhaltigen Entwicklung geschehen. Dies soll unter anderem durch die Kategorisierung der Räume und unter Einbeziehung der zentralen Orte geschehen (vgl. Innenministerium des Landes Schleswig- Holstein 2010, S. 24).

Diese Räume werden beispielsweise durch den Pendlerverkehr in den Verdichtungsraum mit einbezogen (vgl. Langhagen-Rohrbach 2010, S. 46). In dem Landesentwicklungsplan (LEP) von Schleswig- Holstein ist allgemein als Grundsatz festgehalten worden, dass die Ordnungsräume wirtschaftlich angepasst werden sollen. Dazu gehört zum Beispiel die verbesserte Anbindung an das Bahn- und Verkehrsnetz und die weitere Bereitstellung von Industrie- und Gewerbeflächen. Um verschiedene Interessen für die Flächennutzung abzustimmen, ist im Rahmen der Siedlungsentwicklung als Ziel festgelegt worden, mit welchen Konzepten dies erfolgen soll. Unter anderem soll dies mit den zentralen Orten erfolgen Ländliche Räume: Es besteht eine weitgehende Eigenständigkeit, welche in diesen Räumen weiter gestärkt werden soll. Außerdem sollen diese Räume für zukünftige Bewohner attraktiv bleiben und sich noch steigern. Des Weiteren sollen die Naturräume erhalten bleiben (vgl. Innenministerium des Landes Schleswig- Holstein 2010, S. 26ff.).

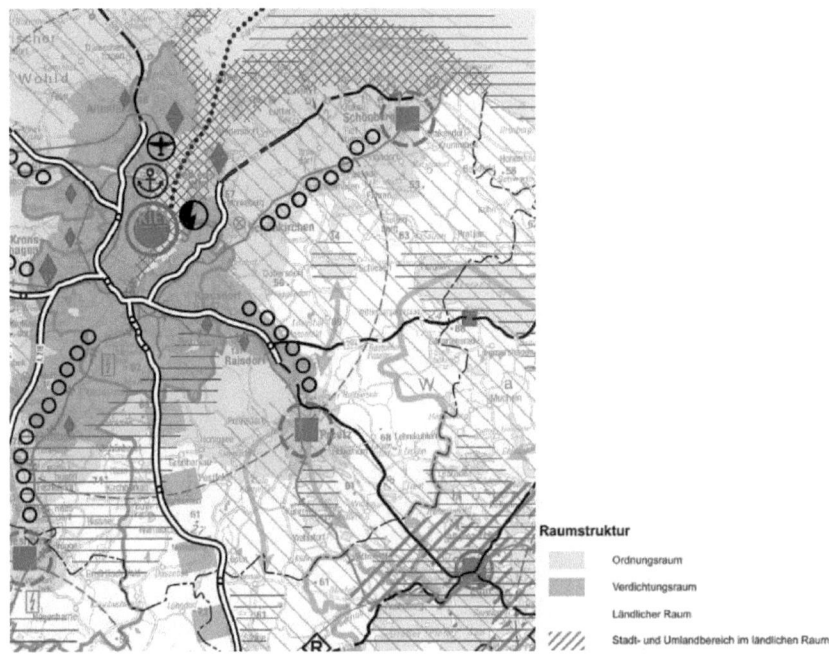

Raumstruktur

Ordnungsraum

Verdichtungsraum

Ländlicher Raum

Stadt- und Umlandbereich im ländlichen Raum

Abb.2: Die Raumstruktur von Kiel und der Umgebung

Quelle: (vgl. Innenministerium des Landes Schleswig- Holstein 2010, Teil D, o.S.)

5.2 Siedlungsstruktur und Siedlungsentwicklung

Dieses Leitbild befasst sich grundlegend mit der nachhaltigen Siedlungsstruktur und Siedlungsentwicklung. Dabei soll darauf geachtet werden, dass für die Menschen ein ausreichendes und unterschiedliches Angebot von Wohnungen vorhanden ist, die nicht weit entfernt von Einrichtungen und Geschäften für das tägliche Leben sind. Dies soll durch Schwerpunkte bei der Siedlungsentwicklung und durch eine effiziente Siedlungsstruktur geschehen. Es sollen umfassend geeignete Gebiete für Wohnungen, Gewerbe und Industrie ausgewiesen werden, wobei auch Brachflächen zu berücksichtigen sind (vgl. Innenministerium des Landes Schleswig- Holstein 2010, S. 34).

Nach dem zentralörtlichen System werden in Schleswig- Holstein Zentrale Orte und Stadtrandkerne unterschieden, welche wie folgt unterteilt sind: „(...) Oberzentren, Mittelzentren, Mittelzentren im Verdichtungsraum, Unterzentren mit Teilfunktion von Mittelzentren, Unterzentren, Stadtrandkerne I. und II. Ordnung sowie Stadtrandkerne I. Ordnung mit Teilfunktion von Mittelzentren." (vgl. Innenministerium des Landes Schleswig-

Holstein 2010, S. 35). Im Landesentwicklungsgrundsätzegesetz von Schleswig- Holstein ist diese Unterteilung niedergeschrieben, sowie die Kriterien zur Festlegung der zentralen Orte und Stadtrandkerne (§ 14-20 LEntwGrSG SH). Außerdem werden dort die regionalen Planungsräume abgegrenzt (§2 II PlanG SH). Es werden von der Landesplanung nicht nur die Kriterien festgelegt, wie ein Ort zu einem dieser Zentren zugeordnet wird, sondern es werden konkret die Orte namentlich in der „Verordnung zum zentralörtlichen System" dem jeweiligen Zentrum zugewiesen. Zum Beispiel wird Kiel als Oberzentrum ausgewiesen (Abb. 2) (vgl. § 5 ZÖSysV SH). Außerdem werden durch die Unterteilung Entwicklungsmöglichkeiten der Zentren festgesetzt (vgl. Innenministerium des Landes Schleswig- Holstein 2010, S. 35-41).

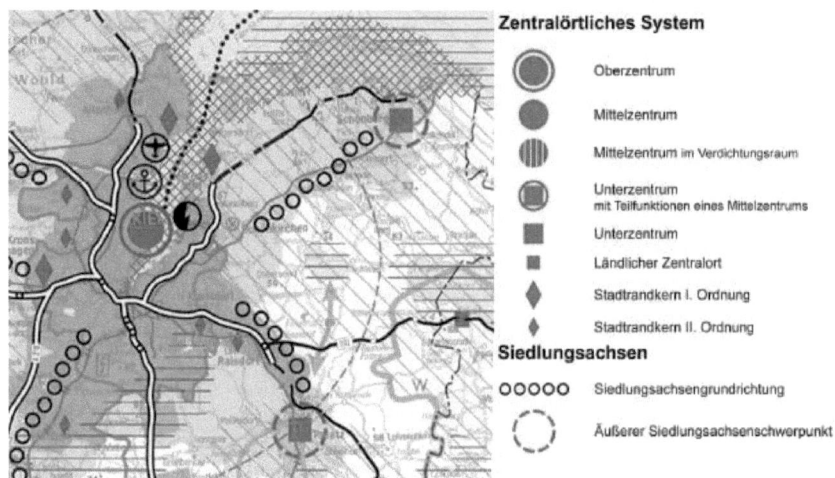

Abb.3: Das Zentralörtliche System von Kiel und Umgebung
Quelle: (vgl. Innenministerium des Landes Schleswig- Holstein 2010, Teil D, o.S.)

5.3 Wirtschaftliche Entwicklung und wirtschaftsnahe Infrastruktur

Im Rahmen dieses Leitbildes wird unter anderem auf die wirtschaftliche Entwicklung, auf das Arbeitsplatzangebot für die Bevölkerung und die Attraktivität von Standorten für Unternehmen eingegangen. Dies soll allgemein durch das Potenzial der einzelnen Teilregionen erfolgen. Auch sollen die Standorte dadurch verbessert werden, damit sich Unternehmen in Schleswig- Holstein ansiedeln. Dabei soll die Lage an der Metropolregion Hamburg genutzt werden (vgl. Gebhardt et al. 2011, S. 1009ff.; Innenministerium des Landes Schleswig- Holstein 2010, S. 62).

Der Verkehr, beziehungsweise die „(...) zu sichernde Trassen und Standorte für Infrastruktur." (vgl. Langhagen-Rohrbach 2010, S. 49) sind bedeutend. Es sollen in Schleswig-Holstein beispielsweise überregionale Verkehrswege in den Süden, speziell auch in Richtung Hamburg, weiter ausgebaut werden. Da Schleswig- Holstein das nördlichste Bundesland der Bundesrepublik Deutschland ist, ist es von zentraler Bedeutung, dass Schleswig- Holstein als Bindeglied zwischen Mittel- und Nordeuropa das transeuropäische Verkehrsnetz weiter verbessert und ausbaut. Vorhandene Verkehrswege, wie zum Beispiel die Wasserstraße „Nord-Ostsee-Kanal" und die Fährverbindung auf Fehmarn Richtung Dänemark, sollen effizienter mit einbezogen werden. Beim Straßenverkehr sollen vorhandene Bundesstraßen und Autobahnen ausgebaut werden, da diese besonders durch den Pendel- und Warenverkehr beansprucht werden und an die Grenzen ihrer Kapazität kommen. Auch die Verbindung dieser Straßenwege mit regionalen Straßenverkehrswegen ist wichtig, um beispielsweise Verdichtungsräume zu entlasten (vgl. Innenministerium des Landes Schleswig- Holstein 2010, S. 64-70).

Ein Entwicklungsschwerpunkt in Schleswig- Holstein ist der Bereich Tourismus und Erholung. Dies liegt vor Allem an den landschaftlich attraktiven Küsten und Inseln sowie Nationalparks. Die räumlichen Schwerpunkte sollen dabei an der Nordsee (zum Beispiel Amrum, Föhr, Sylt und Helgoland) und Ostsee (zum Beispiel Küstenräume von der Kieler Förde und Heiligenhafen bis Lübeck- Travemünde) sowie auf dem Festland (zum Beispiel die Räume Malente und Eutin) sein (vgl. Innenministerium des Landes Schleswig- Holstein 2010, S. 86-93).

Die Entwicklungsräume für Tourismus und Erholung sind auf der Hauptkarte dargestellt. Die Eignung dieser Gebiete wird anhand naturräumlicher und landschaftlicher Potenziale und Voraussetzungen festgestellt, sowie die Infrastruktur für den Tourismus und Erholung. (vgl. Innenministerium des Landes Schleswig- Holstein 2010, S. 89).

5.4 Entwicklung der Daseinsvorsorge

In diesem Leitbild geht es um die gleichwertigen Lebensverhältnisse im Land sowie um eine ausreichende Versorgung durch Infrastrukturangebote in zumutbarer Entfernung. Dies soll durch eine Beachtung der Heterogenität der Menschen in den jeweiligen Teilräumen beachtet werden, die unterschiedliche Bedürfnisse haben. In diesem Rahmen soll das zentralörtliche System mit einbezogen werden. Ebenso soll die langfristige wirtschaftliche Tragfähigkeit beim Bau und Umbau der sozialen und technischen Infrastruktur beachtet werden. Um dies alles zu erreichen, sollen private Akteure involviert werden. So schafft man kostengünstige Lösungen, damit auch viel zur Sicherung der Daseinsvorsorge unternommen werden kann (vgl. Innenministerium des Landes Schleswig- Holstein 2010, S. 98).

Im Rahmen dieses Leitbildes ist es wichtig, die Ver- und Entsorgung in den Teilräumen von Schleswig- Holstein zu gewährleisten. Die Ver- und Entsorgungsinfrastruktur soll effizient geplant werden. Dabei soll die demographische Entwicklung mit einbezogen werden. Beispielsweise wird davon ausgegangen, dass die Siedlungen im Laufe der nächsten Jahre weniger Einwohner haben werden und der Bedarf sich räumlich ändern wird. Außerdem geht es nicht nur um die Gestaltung neuer Infrastruktur, sondern auch um die Sanierung der vorhandenen Ver- und Entsorgungssysteme und die Anpassung an den demographischen Wandel. So soll bei der Planung von vornherein ein Rückgang der Bewohner einer Siedlung mit einbezogen werden. So können passende kostengünstige Strategien entwickelt werden (vgl. Innenministerium des Landes Schleswig- Holstein 2010, S. 107).

5.5 Ressourcenschutz und Ressourcenentwicklung

Das letzte Leitbild befasst sich im Rahmen der Freiraumstruktur mit dem Erhalt der Natur- und Kulturlandschaften, sowie der Artenvielfalt von Pflanzen und Tieren. Dies soll durch „(...) Maßnahmen zur Sanierung und Regeneration der natürlichen Ressourcen (...)" (vgl. Innenministerium des Landes Schleswig- Holstein 2010, S. 108) geschehen. Um dies zu erreichen, soll in allen Planungen das Prinzip der Nachhaltigkeit beachtet werden. Somit soll nicht nur die Biodiversität gestärkt werden, sondern auch die Beschaffenheit der Naturlandschaft (vgl. Innenministerium des Landes Schleswig- Holstein 2010, S. 108).

Der Naturschutz spielt unter diesem Leitbild eine große Rolle. Da auch die Natur von Schleswig- Holstein in landesplanerischer Hinsicht einen großen Stellenwert genießt, wurden „Vorranggebiete für den Naturschutz" und „Vorbehaltsräume und Vorbehaltsgebiete für Natur und Landschaft" (vgl. Innenministerium des Landes Schleswig- Holstein 2010, S. 112f.) festgelegt.

Zu den Vorranggebieten gehören in Deutschland unter anderem der Nationalpark Schleswig- Holsteinisches Wattenmeer. Als Vorranggebiet wird ein Gebiet ausgewiesen, wenn in diesem Gebiet mindestens 80% der Fläche gesetzlich geschützte Biotope sind, oder die Stiftung Naturschutz die meisten Flächen in diesen Gebieten besitzt.

In dem LEP von Schleswig- Holstein ist festgehalten, dass Vorbehaltsräume jene Räume im Rahmen des Naturschutzes sind, die auf großem Raum ein hohes Naturaufkommen aufweisen. Bei der Großräumigkeit ist zu beachten, dass diese Räume miteinander vernetzt, beziehungsweise verbunden sind. Diese ökologischen Räume sollen erhalten bleiben und gegebenenfalls bei einem vorhandenen, naturräumlichen Potenzial weiter entwickelt werden (vgl. Innenministerium des Landes Schleswig- Holstein 2010, S. 113).

6. Fazit

Es zeigt sich, dass die Landesplanung eine wichtige Funktion für das Land innehat und unverzichtbar ist. Durch die Landesplanung kann konsequent und langfristig, anders als in der Politik, geplant werden. Wegen der vielen Themenfelder der Landesplanung und durch den stetigen gesellschaftlichen Wandel kommt es weiter zu Herausforderungen in der Landesplanung, wie beispielsweise der vermehrten Landflucht.

Quellenverzeichnis

Borchard, K. (2011): Grundriss der Raumordnung und Raumentwicklung.- Akademie für Raumforschung und Landesplanung. - Hannover.

Bundesinstitut für Bau-, Stadt- und Raumforschung (BBSR) im Bundesamt für Bauwesen und Raumordnung (BBR) (2012): Raumordnungsbericht 2011. – Bonn.

Gebhardt, H. & R. Zeese (2011): Geographie: Physische und Humangeographie. – 2. Auflage. – Spektrum Akademischer Verlag. - Heidelberg.

Fürst, D.; Scholles, F. (2008): Handbuch Theorien und Methoden der Raum- und Umweltplanung. – 3. Auflage. - Verlag Dorothea Rohn. – Dortmund.

Geschäftsstelle der Ministerkonferenz für Raumordnung im Bundesministerium für Verkehr, Bau und Stadtentwicklung (2006): Leitbilder und Handlungsstrategien für die Raumentwicklung in Deutschland – Verabschiedet von der Ministerkonferenz für Raumordnung am 30.06.2006. - Berlin.

Gesetz über Grundsätze zur Entwicklung des Landes (Landesentwicklungsgrundsätzegesetz) (LEntwGrSG SH 1995) (1995): <http://www.gesetze-rechtsprechung.sh.juris.de/jportal/?quelle=jlink&query=LEntwGrSG+SH&psml=bsshoprod.ps ml&max=true> . – In der Fassung der Bekanntmachung vom 31. Oktober 1995, zuletzt geändert durch Art. 6 Abs. 2 des Ges. v. 27.4.2012, GVOBl. 2012 S. 452, aufgehoben durch Ges. v. 5.12.2012, GVOBl. S. 742 (Stand: 2012) (Zugriff: 29.10.2013).

Gesetz über die Landesplanung (Landesplanungsgesetz) (PlanG SH) (1996): <http://www.gesetze-rechtsprechung.sh.juris.de/jportal/?quelle=jlink&query=PlanG+SH&psml=bsshoprod.psml&max=true>. – In der Fassung der Bekanntmachung vom 10. Februar 1996, zuletzt geändert durch Art. 67 LVO v. 04.04.2013, GVOBl. S. 143 (Stand: 2013) (Zugriff: 29.10.2013).

Glaser, R.; Gebhardt, H. & W. Schenk (2007): Geographie Deutschlands. -Wissenschaftliche Buchgesellschaft. – Darmstadt.

Innenministerium des Landes Schleswig- Holstein (2010): Landesentwicklungsplan Schleswig- Holstein 2010. - Kiel.

Koch, H.-J.; Hendler, R. (2009): Baurecht, Raumordnungs- und Landesplanungsrecht. 5. Auflage. – Boorberg Verlag. – Stuttgart.

Landesverordnung zur Festlegung der Zentralen Orte und Stadtrandkerne einschließlich ihrer Nah- und Mittelbereiche sowie ihre Zuordnung zu den verschiedenen Stufen (Verordnung zum Zentralörtlichen System) (ZÖSysV SH 2009) (2009): <http://www.gesetze-rechtsprechung.sh.juris.de/jportal/?quelle=jlink&query=Z%C3%96SysV+SH&psml=bsshoprod.psml&max=true&aiz=true>. – In der Fassung der Bekanntmachung vom 8. September 2009 (Stand: 2009) (Zugriff: 29.10.2013).

Langhagen - Rohrbach, C. (2010): Raumordnung und Raumplanung. - 2. Auflage. – WBG. - Darmstadt.

Muckel, S. (2010): Öffentliches Baurecht. Verlag C. H. Beck. – München.

Raumordnungsgesetz (ROG) (2013): <http://www.gesetze-im-internet.de/rog_2008/BJNR298610008.html>. - In der Fassung der Bekanntmachung vom 22. Dezember 2008, zuletzt geändert durch Art. 9 G v. 31.7.2009 I 2585 (ROG) (Stand: 2009) (Zugriff: 29.10.2013).

Riedel, W. & H. Lange (2009): Landschaftsplanung. – 2. Auflage. – Spektrum Akademischer Verlag. – Heidelberg.

Ritter, E.-H.; Bröcker, J.; Fürst, D.; Heinz, W.; Hoffmann-Bohner, K.-H.; Kistenmacher, H.; Mönnecke, M.; Münzer, E.; Schmidt-Eichstaedt, G.; Schmitz, G.; Schönwandt, W.; Scholich, D.; Siebel, W. & C. Steck (2005): Handwörterbuch der Raumordnung. Verlag der Akademie für Raumforschung und Landesplanung.- 2. Auflage. –Hannover.

Ritter, E.-H. & A. BENZ (1998): Methoden und Instrumente räumlicher Planung. – Verlag der Akademie für Raumforschung und Landesplanung. - Hannover.

Schmitz, G. & R. Baumheier (1999): Grundriss der Landes- und Regionalplanung. – Verlag der Akademie für Raumforschung und Landesplanung. - Hannover.

Spitzer, H. (1995): Einführung in die räumliche Planung. – Verlag Eugen Ulmer. – Stuttgart.

Weiland, U.; Wohlleber-Feller, S. (2007): Einführung in die Raum- und Umweltplanung. – Verlag Ferdinand Schöningh. – Paderborn.

Abbildungsverzeichnis

Abb. 1: **Innenministerium des Landes Schleswig- Holstein** (2010): Landesentwicklungsplan Schleswig- Holstein 2010. - Kiel.

Abb. 2: **Innenministerium des Landes Schleswig- Holstein** (2010): Landesentwicklungsplan Schleswig- Holstein 2010. - Kiel.

Abb. 3: **Innenministerium des Landes Schleswig- Holstein** (2010): Landesentwicklungsplan Schleswig- Holstein 2010. - Kiel.